AF257128

Couverture inférieure manquante

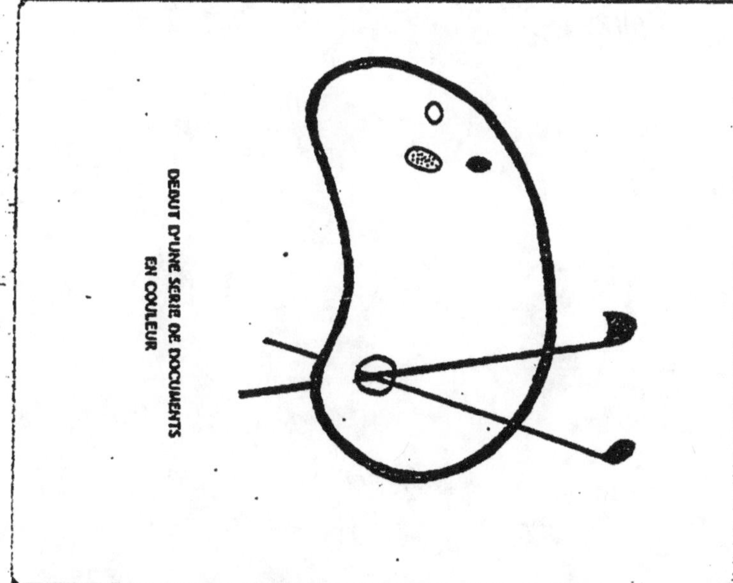
DEBUT D'UNE SERIE DE DOCUMENTS EN COULEUR

QUELQUES PAGES

DE

NOTRE HISTOIRE LOCALE

AU XVIe SIÈCLE

PAR

Le Docteur O. CHARBONNIER

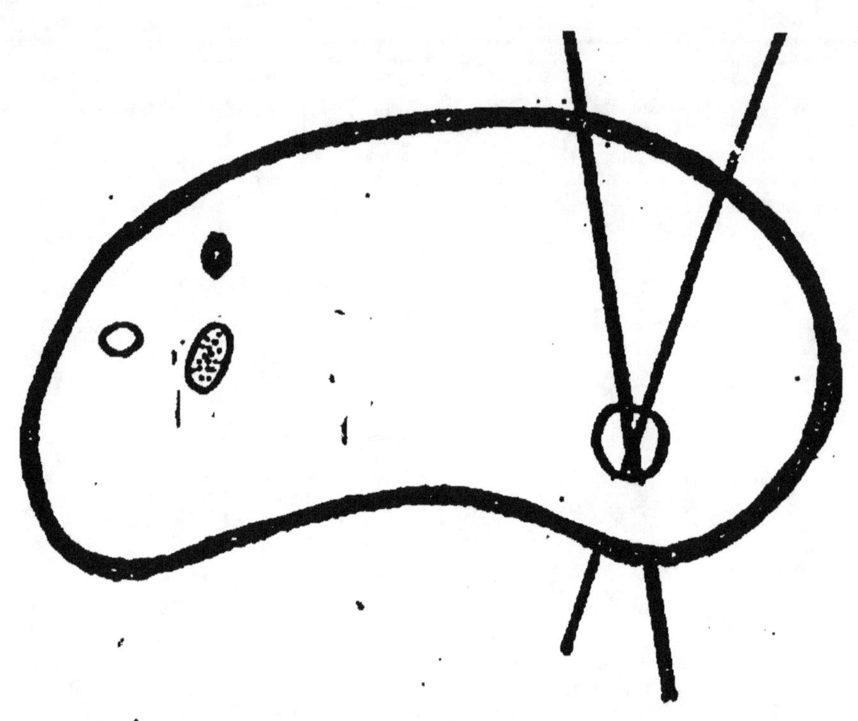

**FIN D'UNE SERIE DE DOCUMENTS
EN COULEUR**

QUELQUES PAGES

DE

NOTRE HISTOIRE LOCALE

AU XVIe SIÈCLE

QUELQUES PAGES

DE

NOTRE HISTOIRE LOCALE

AU XVIᵉ SIÈCLE

CONFÉRENCE

FAITE AU CERCLE CALAISIEN DE LA LIGUE

DE L'ENSEIGNEMENT

le 10 Mai 1896

PAR

LE DOCTEUR C. CHARBONNIER

Conservateur de la Bibliothèque-Musée
de la Ville

———

SAINT-CALAIS

A. CUIGNIER, IMPRIMEUR

1896

QUELQUES PAGES

DE

NOTRE HISTOIRE LOCALE

AU XVIᵉ SIÈCLE

Vous avez tous gardé le souvenir de cette charmante conférence que vous fit, en décembre dernier, mon jeune ami, M. Paul Peltier. Sa brillante esquisse de « Saint-Calais à travers les âges » a paru vous intéresser et vous plaire.

Saisissant cette indication, notre aimable Président voulut bien me demander de vous raconter quelques faits de notre histoire locale. Mon jeune ami m'avait un tantet compromis en vous annonçant que j'avais l'intention de vous retracer l'époque la plus sombre et la plus dramatique de nos annales: je viens tenir ma promesse; mais je réclame toute votre indulgence, c'est une simple causerie et non une conférence.

Combien je regrette de ne pouvoir illustrer mon sujet de la parole alerte, spirituelle, de notre brillant compatriote; mais il est jeune et je ne le suis plus. — Je veux simplement vous faire part des notes et des documents que j'ai recueillis dans mes recherches et mes lectures — ce n'est point un conférencier, encore moins un orateur, mais bien un vieux rat de bibliothèque qui se présente devant vous.

C'est à la fin du XVI⁰ siècle que nous allons nous transporter ; en pleine guerre civile entretenue par les querelles de religion.

D'abord, nous allons faire une promenade archéologique dans notre cher St-Calais, vers 1562.

Nous jetterons un rapide coup d'œil sur la Réforme en France, nous suivrons son introduction dans le Maine, puis, la prise du Mans avec ses suites ; viendront alors les Matines Calaisiennes. Nous accompagnerons les principaux acteurs de ces drames jusque dans leurs fins, presque toutes tragiques, enfin nous terminerons par des conclusions puisées dans notre étude.

Promenade Archéologique dans Saint-Calais

Se rendre à Saint-Calais vers la fin du XVIe siècle n'était pas chose aisée : il n'y avait pas de routes ; sans doute il y avait des chemins, mais dans quel état se trouvaient-ils ? Sans entretien, ils ne présentaient qu'une succession de perrons et de fondrières. Il n'existait ni voitures publiques, ni voitures privées, sauf quelques lourds chariots. Il fallait aller à cheval et encore courait-on risque de voir sa monture s'embourber jusqu'au poitrail. On ne pouvait voyager seul, il fallait un cheval de main et un ou plusieurs courtauds pour les bagages. Il fallait donc un ou plusieurs conducteurs, d'autant que nos chemins n'étaient pas sûrs.

Les principaux chemins étaient ceux de Vendôme, plus tard appelé du Carrosse ; de Valennes, de Rahay ; ceux de Conflans et de Vibraye ; celui du Mans, enfin ceux d'Evaillé, de Sainte-Cerotte, de Cogners et de Saint-Gervais. Un grand nombre de ces chemins existent encore, soit à l'état de vicinalité, soit convertis en chemins d'exploitation ; quand ils ne sont plus que des ravins ou des torrents l'hiver, ou des dépôts pierreux lorsqu'ils sont à sec. Enfin d'autres ont complètement disparu.

Saint-Calais relevait du comté et plus tard du duché de Vendôme, il avait fait partie de la baronnie de Mondoubleau. Charles de la Rivière reçut en dot, de Marie de Trie, cette baronnie en même temps que la châtellenie de Saint-Calais. Il vendit cette dernière à la fin du XIVe siècle à Jean de Bueil ; la baronnie fut vendue à Louis de Bourbon, comte de Vendôme, au commencement du XVe ; c'est en 1515 que François 1er éleva le comté de Vendôme en duché du Vendômois. La châtellenie de Saint-Calais avait été vendue à François de Bourbon par Antoine de Bueil, à la fin du XVe siècle.

A l'époque où nous visitons St-Calais, nous sommes dans le duché de Vendôme; le duc régnant est Antoine de Bourbon.

La petite cité s'étend le long de la vallée de l'Anille qui la traverse du Nord au Sud. Bien souvent elle était sujette à des crues qui inondaient les quartiers du Dauphin et du Gautray, voire la partie de la Grande-Rue du côté du cours d'eau. Une partie du Dauphin était, comme aujourd'hui, construite sur une voûte; un peu plus loin, un ruisseau qui a fait place au canal était franchi par un pont étroit en dos d'âne, en pierres; à cheval ou en charrette on passait à gué. Il en allait de même dans le Gautray. Après qu'on eut creusé le canal (1793), le sol de ces rues fut relevé, les inondations devinrent moins fréquentes et moins dangereuses et la ville se trouva assainie.

La petite ville avec ses quelques milliers d'habitants occupait non seulement la vallée, mais s'étageait sur le versant de la colline qui dominait le château. Bien resserrée entre l'enceinte de ce dernier et le vaste enclos de l'abbaye, elle ne pouvait s'étendre qu'en longueur.

Le 4 juillet 1511, une transaction a lieu entre les moines représentés par Jean de Ronsard, leur abbé de 1480 à 1518, et Marie de Luxembourg, comtesse de Vendôme, concernant leurs droits de justice réciproques. Les quatre barres posées en 1497, pour servir de délimitation, furent maintenues: la première du côté du vieux marché aux vaches, au carrefour formé par les chemins de Valennes et de Rahay; la seconde au carrefour de Goberelle, dans le haut de la Herse; la troisième au pont de Galerne (aujourd'hui des Ripes); la quatrième dans le Bourg-Neuf; la rivière formant limite naturelle à l'Ouest. Les moines durent construire une halle sur le marché aux vaches, elle fut édifiée, avec un prétoire ou salle de justice au-dessus, et l'un et l'autre furent entièrement brûlés en 1687. Ce fut alors que le marché au blé fut transféré derrière l'église paroissiale, puis reporté sur l'un de ses côtés, lorsque le cimetière qui l'entourait fut créé en dehors de la ville, en 1775.

Les moines ayant obtenu, en 1364, la permission d'enclore et fortifier leur monastère y procédèrent sans retard. Leurs murailles partaient du ruisseau (canal aujourd'hui), longeaient le jardin de la maison du Guichet, n° 1, puis, formant un angle, allaient gagner l'église St-Pierre, côtoyaient des jardins et se prolongeaient jusqu'au Gautray où fut creusé un grand fossé qui joignait la muraille à la rivière en allant de l'ouest à l'est. Enfin sur le bord du cours d'eau, dans le Dauphin, une muraille fut construite allant au Gautray. Une forte palissade fut établie sur le bord du fossé qui de la Perrine allait vers la Grande-Rue. Dans l'enceinte de l'abbaye se trouvait une forteresse flanquée de tours entourée d'eau où le prieur avait droit de placer un capitaine et d'appeler ses serfs et vassaux à le venir défendre. L'entrée principale se trouvait sur l'emplacement du jardin de notre Caisse d'épargne.

Le château domine la ville. Construit vers 1060, il était entouré d'une double enceinte de murs, vers le couchant, elle comprenait toute la plate-forme au bas de la butte ; des autres côtés elle était fermée par des fossés très larges et profonds. La seconde enceinte, de forme triangulaire, s'étendait de l'entrée de ville près le cimetière actuel jusqu'au haut de la Herse. Vers l'est, il n'y avait que les fossés de la première enceinte. La porte principale s'ouvrait sur la rue de Mauconseil aujourd'hui rue de la Herse. Sur une motte factice s'élevait un donjon de forme carrée, mal entretenu, ainsi que le montre un dessin daté de 1692, il est en ruines, un peu plus complet que nous le voyons aujourd'hui. — Ce dessin fait à l'abbaye appelle fort irrévérencieusement St-Calais: Bourg dans le Maine. La chapelle St-Nicolas du château était rue de la Fuie (c'est aujourd'hui la rue St-Nicolas) on y communiquait du château par un souterrain. Plusieurs autres, partant du château, débouchent encore dans quelques maisons de la Grande-Rue.

A l'époque où nous la visitons, la ville n'est pas close ; ce ne fut que 12 à 13 ans plus tard, quelque temps après la St-Barthélemy, que les habitants, pour se mettre à l'abri des attaques et surprises des divers partis qui tenaient la campagne, décidèrent de s'enclore — cette clôture n'était pas terminée en 1575.

L'enceinte partant de la porte du levant, plus tard appelée porte de Paris, descendait vers le milieu du Bourg-Neuf où s'ouvrait la porte du nord ; après avoir côtoyé des jardins, elle franchissait la rivière sur une arche puis, par un arc rentrant pour se rapprocher de la ville, elle formait une porte dans cette partie du Dauphin appelée pour cela le Guichet ; c'était la plus forte des portes qui fermaient la ville. La muraille, de là, se rendait en ligne droite à l'église St-Pierre d'où elle tournait brusquement par un angle, se dirigeait à l'ouest en côtoyant l'enclos de l'abbaye et allait du nord au sud jusqu'à la porte de la Perrine ou plutôt se confondait avec les fortifications élevées par les Bénédictins. Arrivée au pont de Galerne, l'enceinte montait la colline et allait former la porte Goberelle, puis, en se confondant avec les défenses du château, allait rejoindre la porte du Levant.

Cette première enceinte ne comprenait pas le quartier du Cul-d'Oison. Quelques années après, les habitants construisaient une nouvelle ceinture qui, partant de la porte du Guichet, côtoyait l'ancien presbytère puis gagnait le château Mouche où s'ouvrait une porte de ville ; de là, les murailles se continuaient vers le sud et rejoignaient la première enceinte. Des meurtrières étagées se voyaient sur toute l'étendue des murs où s'élevaient, d'espaces en espaces, des tours et où s'ouvraient cinq portes.

Quoiqu'en ait dit Pescha, jamais St-Calais n'eut d'Hôtel-de-Ville sous l'ancien régime. Les habitants tenaient leurs assemblées dans l'église ou au presbytère. En 1789, les notables se réunissaient chez l'un d'eux, Thomas Tironneau, notaire. Notre musée possède une plaque de marbre de forme concave sur laquelle on lit « Maison Commune », nous pensons qu'elle vient de la Mairie établie en 1793 dans les bâtiments de l'ancienne abbaye, vendus nationalement.

St-Calais, outre celle de l'abbaye, possédait une église paroissiale. Bâtie en 1366, cette église fut augmentée à deux reprises, elle était comme le clocher, d'abord couverte en bardeaux, les habitants la firent recouvrir en ardoises. La tour est la plus vieille partie de l'édifice, sa flèche ou pyramide, avant sa reconstruction récente, datait de 1622. En 1560, s'il y en avait une, elle était en bois et couverte en ardoises comme l'église. Le parvis, de forme elliptique, se déroulant sur toute la façade, fut construit en 1623 ; avant on abordait l'église par un escalier très rapide et fort incommode ; il a été refait vers 1837, il est bien moins élégant que l'ancien et trop rétréci. La façade, si remarquable, date de 1523 à 1549. En 1540 l'église se trouvait terminée. Le sol était pavé des tombes des principaux habitants ; le cimetière, nous l'avons dit, entourait l'église.

Il y avait encore la collégiale de St-Pierre et des chapelles ; nous avons cité celle de St-Nicolas du château, on voyait encore celle de Ste-Apolline réunie à la Maison-Dieu, située rue du Dauphin, plus tard transportée à notre hôpital en 1656.

La ville est ouverte, nous l'avons dit. Nous entrons par le Bourg-Neuf, rue étroite, sinueuse, bizarrement alignée avec ses maisons petites et basses, quelques-unes avec étage ; on en voyait une à deux étages, par malheur trop modernisée, c'était une construction type de la Renaissance. La rue s'ouvrait sur la place de l'église, son débouché était à peine suffisant pour un chariot entre une haute maison à deux étages saillants sur le rez-de-chaussée, d'un côté ; de l'autre, une boutique en retrait, débordée par l'étage supérieur, soutenu par de grossiers piliers en bois ;

Sur la place, peu large, des boutiques de même aspect, assombries par l'avancement du premier étage, quelques-unes en avaient deux avec des pignons élevés. Dans un coin, le moulin de la Fosse ou de la ville, qui, comme le four banal, situé plus loin, appartenait à l'abbaye. La Grande-Rue continuait avec des boutiques et des maisons semblables, certaines boutiques affectaient la forme cintrée, on y remarquait surtout une maison avec tour-escalier, ornée de sculptures à l'intérieur; bien que déshonorée par une restauration inintelligente, elle existe encore. La rue se terminait au carrefour de l'Image, à partir du pont de Galerne c'était le faubourg de la Caboche ou de St-Pierre. Les propriétaires, dans cette traverse étroite, avaient l'habitude, pour protéger leurs maisons, de placer des perrons énormes qui rétrécissaient encore la voie, on les voyait à l'orée du Bourg-Neuf et dans la Grande-Rue. Je les ai vus et ai fait dessus, avec les polissons de mon temps, des essais d'équitation qui ont peu réussi.

La rue du Dauphin, en pente, ne montrait que des maisons basses, humides. Presque toutes les constructions étaient en colombage, c'était la même chose au Gautray. L'on en trouve deux ou trois qui ont à leur premier étage des galeries intérieures.

Sur la colline, des rues et ruelles tortueuses et fort étroites; en montant vers le marché, deux vieilles maisons : l'une a disparu, l'autre reste debout avec son pavillon en bardeaux au-dessus de la porte, à côté une maison avec pignon aigu. Deux autres maisons importantes se voient encore dans la Herse; enfin nous trouvons sur le marché une halle avec piliers de bois qui fut brûlée.

Il n'y avait pas d'hôtelleries, les voyageurs étant trop rares, mais des auberges, de simples et pauvres cabarets. On avait à choisir entre la Rose, le Dauphin, l'Image Notre-Dame, le Sauvage et le Bœuf; presque tous ces établissements avaient des jeux de boules, la joie de nos grands-pères.

La ville, avec ses rues mal pavées, sales, boueuses, encaissées de perrons bruts, massifs, aux cahots dangereux ; ailleurs, sablées de pierres aiguës en pointe de diamant, présentant en outre des cloaques fréquents, étroites, à peine suffisantes pour le passage des rares chariots qui les parcouraient ; on n'y voyait guère que des cavaliers, hommes ou femmes, souvent celles-ci en croupe derrière le cavalier. En somme, c'était une assez vilaine bourgade, pardon ! ville.

La population, élevée à l'ombre de l'abbaye, était fervente catholique, patiente, résignée, soumise, ignorante et peu accessible aux nouvelletés ; aussi, en 1559, lorsqu'un ministre protestant vint dans la ville apporter la Réforme, eut-il peu d'auditeurs et fit encore moins de prosélytes. Il monta en chaire pour crier contre le clergé, les riches, et prêcher la communauté des biens. M. le président Javary-Daguesseau, dans son *Essai historique sur Saint-Calais*, le qualifie d'imposteur ; il se nommait Henry, nous croyons peu probable que ce fut Henri Salvert qui prêcha la Réforme au Mans. Par malheur, ce bon apôtre voulut appliquer ses théories communistes : on le trouva, le jour de la Pentecôte, en conversation criminelle avec une femme mariée. Que voulez-vous ? l'homme n'est pas parfait ! Il était jeune, on était au printemps, et alors, comme de nos jours, les calaisiennes étaient fort attrayantes. La population, vertueusement indignée, s'empara du pauvre hère et le remit à l'official. L'évêque du Mans, Charles d'Angennes, accouru de Rome pour s'opposer aux progrès des nouvelles doctrines, vient à St-Calais, interroge Henry, l'admoneste et le fait déguerpir.

La population, fidèle, garda la religion catholique : il y eut fort peu de religionnaires dans la ville.

Le gouverneur et les officiers du château, le prieur et ceux de l'abbaye formaient la haute classe de notre cité, reconnue ville par l'autorité laïque, tandis qu'elle n'était qu'un simple bourg pour l'abbaye. La justice civile était représentée par un bailli, son lieutenant, un procureur fiscal ; la justice ecclésiastique par un official, un promoteur et un greffier.

Les notables comprenaient les propriétaires terriens en bien petit nombre, des financiers, des notaires, un maître en chirurgie, un maître apothicaire, des avocats, des procureurs, des huissiers, des marchands, des artisans, des tanneurs, etc. Le reste de la population, serfs de l'abbaye ou du château, était éparpillée à l'ombre de leurs murs et dans les faubourgs (le Bourg-Neuf, la Caboche, la Perrine et le Cul-d'Oison, qu'on tenta, mais en vain, d'appeler le Bourg-Joli). La rue du Geay, dite des Vierges (par antinomie peut-être), formait une des arrivées du chemin du Mans ; c'est par cette voie que nous vinrent, en 1815, nos bons amis les Prussiens.

Il n'y avait pas d'industrie dans le pays. Pauvres, misérables, certains ouvriers et journaliers, l'hiver venu, se faisaient peigneurs de chanvre et de laine, allaient dans les maisons, à la ville et à la campagne, offrir leurs services ; au printemps, ils reprenaient leurs métiers de tout corps d'état.

Retenons ces cardeurs (les cardeux), que l'on nommait les *purins*, ces pauvres gens loqueteux, salis et graisseux par leurs besognes, étaient fort peu considérés ; on s'excusait de leur présence en disant : « Sauf votre respect, j'avons le purin. » Ce fut pourtant le début de ces fabricants de serge et de lainages grossiers qui, pendant longtemps, furent florissants et dont la fortune, péniblement acquise par le travail et l'économie est, pour un certain nombre de ses membres, l'origine de la bourgeoisie calaisienne. Ils formaient une corporation sous l'invocation de saint Blaise, dont la statue figure encore sur un des piliers de notre église, mais veuve de sa crosse, d'une main qui la tenait et de son peigne à carder. On voit bien qu'il n'y a plus de cardeux ! Tous, à la fête du saint, se rendaient processionnellement à l'église, ayant en tête le bâton porté par le roi élu pour un an. J'ai encore vu cette cérémonie de 1830 à 1835.

La Réforme en France

Luther commence à développer ses dogmes en 1517 ; deux ans après, leur introduction eut lieu en France. En 1521, la Sorbonne les condamne. Cette censure, loin de leur être nuisible, leur procura, dès 1523, des défenseurs et de nombreux partisans dans les différentes classes du royaume ; mais, en même temps, les persécutions : Un gentilhomme de l'Artois fut brûlé vif sur la place de Grève, pour avoir professé les opinions condamnées. Ne sont-ce pas les obstacles qu'on veut apporter à l'émancipation de l'esprit humain qui en assurent le triomphe ? Le martyre dans toutes les sectes n'a servi qu'à les consolider. Les réformés ne furent pas découragés par cette impolitique et cruelle exécution ; ils parvinrent à s'appuyer sur Marguerite de Navarre, sœur de François Ier, qu'ils gagnèrent à leur religion. Luther meurt en 1546.

En 1536, Calvin publiait ses *Instructions chrétiennes*, qu'il dédiait au roi. En 1545, eurent lieu les massacres des Vaudois de Mérindol et de Cabrières ; loin d'affaiblir la religion nouvelle, ces cruautés lui attirèrent des partisans, de même que le supplice des protestants de Meaux. En 1546, Etienne Dolet est pendu et brûlé sur la place Maubert, pour crime d'athéisme. Deux ans avant, Marot avait crû prudent de gagner Genève. Bonaventure des Périers, secrétaire de Marguerite de Navarre, s'était poignardé pour éviter le bûcher. Henry Estienne venait de s'exiler. A ses débuts la Réforme ne fut pas populaire, elle fut embrassée par les Grands, les gens instruits, les parlementaires, les philosophes, en un mot par les penseurs.

La chambre ardente est créée en 1549 pour juger

les hérétiques. Marguerite meurt là même année, laissant sa fille Jeanne d'Albret, reine de Navarre.

Sous Henri II, la cour était pleine de Calvinistes malgré la haine impitoyable du roi contre eux. En 1550, on établit à Paris une église réformée, cet exemple fut suivi par les principales villes du royaume.

Les Calvinistes se rendaient, chaque soir, aux prédications qui se faisaient au Pré-aux-Clercs. On y chantait, en français, les psaumes de David, mis en vers par Clément Marot. Jeanne d'Albret et Antoine de Bourbon qu'elle venait d'épouser, assistaient à ces assemblées pieuses ; sur le refus de Henri II de leur permettre un voyage en Navarre, les jeunes époux passèrent les premières années de leur ménage, tantôt à La Flèche, tantôt à Vendôme.

En 1552, le Parlement défend les écoles buissonnières; les Luthériens, pour se soustraire à la juridiction du chantre de l'église de Paris, tenaient les écoles dans les campagnes.

En 1559, un édit d'Henri II ordonne la peine de mort contre les Luthériens. Le roi fait arrêter, au milieu du Parlement, cinq conseillers qui penchaient vers les idées de modération, dont Antoine du Bourg qui fut brûlé comme hérétique.

Sous le règne court de François II, les Guises d'un côté, de l'autre, le roi de Navarre et Condé son frère, jaloux de la préférence accordée par le roi aux premiers, les querelles de religion furent le prétexte qui couvrit l'ambition des deux partis, elles furent envenimées par la faiblesse de Charles IX et de Henri III, et par la politique perfide et sans scrupules de Catherine de Médicis leur mère.

On a appelé Conjuration d'Amboise, le projet des Calvinistes de se saisir de François II, dans le temps qu'il était à Amboise, et de tuer le duc et le cardinal de Guise. Le complot fut tramé dans divers châteaux du Vendômois. Condé passa pour en être le chef occulte. La Renaudie, un des chefs les plus en vue, fut attaqué et tué dans la forêt de Châteaurenault. Près de douze cents conjurés furent pendus ou décapités dans les rues d'Amboise; ceux qui échappèrent regagnèrent leurs provinces.

Le duc de Guise se fit proclamer lieutenant général du royaume. Antoine de Bourbon et Condé sont mandés pour assister aux États-Généraux d'Orléans; Condé fut arrêté à son arrivée, son procès fut fait, l'arrêt de mort dressé, mais non signé, ne fut pas exécuté à cause de la mort du roi; il fut mis en liberté dès les premiers jours du nouveau règne, et absous l'année suivante par un arrêt du Parlement. En 1560, Charles IX monte sur le trône, le gouvernement est confié à Catherine et à Antoine de Bourbon, ce dernier comme lieutenant général. La reine-mère n'était pas régente; ce n'est qu'au jour de sa mort que Charles lui donna ce titre, qu'elle garda jusqu'à l'arrivée de Pologne d'Henri III.

Antoine de Bourbon s'était rapproché des catholiques et rallié au triumvirat Montmorency, duc de Guise et maréchal de Saint-André. Jeanne d'Albret refusa de le suivre dans cette conversion intéressée. Antoine s'était laissé gagner par les dangereux attraits des filles d'honneur de la reine, en particulier de Louise de la Béraudière, demoiselle de Rouet. La passion ardente qu'il avait pour elle, amena sa mort après sa blessure au siége de Rouen. Les mémoires du temps disent que les chirurgiens ne l'abandonnèrent pas, pas plus que la demoiselle de Rouet : ce fut son malheur. Elle eut un fils d'Antoine, Charles de Bourbon, évêque de Comminges à 15 ans, évêque de Lectoure, puis archevêque de Rouen. Il jouit de tous les honneurs du cardinalat et ne fut jamais cardinal. Il mourut peu de temps après Henri IV, dans son abbaye de Marmoutiers, où il s'était retiré après s'être démis de l'archevêché de Rouen.

On menaça Antoine de voir compromis ses intérêts dans ce monde, et son salut dans l'autre, en restant uni à une hérétique obstinée. Des négociations furent même entamées avec la cour de Rome, pour rompre son mariage; on lui faisait espérer qu'il pourrait épouser la veuve de François II, la belle Marie Stuart, et devenir roi d'Écosse et d'Angleterre, moyennant l'abandon de la Navarre à l'Espagne, — tout cela n'était qu'un leurre.

Jeanne d'Albret fut instruite de ces menées ; blessée dans ses sentiments les plus intimes, comme femme, dans ses intérêts comme reine, elle ne garda plus de ménagements. Son mari l'ayant laissée seule à Vendôme, elle s'assura du château en y mettant une garnison de Suisses et de Gascons protestants, puis attendit la prise d'armes que les Calvinistes avaient projetée pour les premiers mois de l'année 1562.

En 1560, édit de tolérance en faveur des réformés, renouvelé en 1561 par Charles IX. La même année eut lieu le Colloque de Poissy. On y entendit Théodore de Bèze, pour les protestants, et le cardinal de Lorraine pour les catholiques. La conférence finit sans qu'on pût s'entendre, sans rien terminer.

Les réformés se donnaient le nom de « Serviteurs du Christ »; on les traitait injurieusement de Huguenots, de Parpaillots, de Gens de la vache à Colas. J'ai voulu savoir l'origine de ces appellations, je dois convenir que ces recherches ne m'ont pas complètement satisfait:

C'est en 1561 que, pour la première fois, on donna le nom de Huguenots aux religionnaires. D'où venait ce nom ? Est-ce de celui d'un Hugues, chef d'un parti religieux et politique de Genève? Est-ce de l'allemand Eidgenossen (associés par serment), nom donné aux Genevois ligués contre le duc de Savoie, cela est peu probable. C'est à Tours qu'on leur donna ce nom, à cause de la tour Hugon où ils se rassemblaient la nuit. Peut-être, à cause de la légende du roi Hugon ou Huguet, qui avait cours en cette ville, qui, disait-on, la parcourait nuitamment, et dont on effrayait les enfants? On a prétendu que, lors de la fuite des gens qui devaient remettre une requête au roi (Conjuration d'Amboise), les femmes disaient que c'étaient de pauvres hommes qui ne valaient pas des huguenots, monnaie inférieure aux mailles du temps de Hugues Capet ; d'où par dérision, on appela les réformés Huguenots. Généralement, on admet que c'est du nom d'un réformé Hugues, qu'est venue cette injure adressée aux Calvinistes.

Même difficulté non résolue pour Parpaillots: les uns font venir ce nom de *parpiglione* (papillon), d'autres de *parpillotte*, petite monnaie, disant que, comme les religionnaires l'avaient mise en usage, on les appela Parpaillots. D'autres le tirent d'un sieur *de Parpaille*, natif d'Orange qui, propageant le protestantisme dans le Comtat, fut mis à mort en 1562. On appela *parpaillote* une espèce de chemise dont les protestants se servirent dans une sortie au siège de Nérac.

Dire à quelqu'un qu'il était *de la vache à Colas*, était une insulte contre le protestantisme. On prétend qu'au village de Bionne, près Orléans, il y avait un prêche, et qu'un jour, la vache d'un nommé Colas Pannier y entra, y fut tuée et mangée par les Réformés. De là procès et condamnation des Huguenots à payer le prix de la vache. L'aventure passa en dicton, les catholiques et les protestants se l'appliquèrent réciproquement, mais définitivement les catholiques l'emportèrent et le dicton de la vache à Colas resta aux Réformés. L'Etoile, dans le journal d'Henri IV, dit que le 10 septembre 1605, il fut défendu, sous peine de la mort, de chanter à Paris la chanson de Colas, à cause des grandes querelles qui en arrivaient tous les jours.

Nous avons dit que les Huguenots devaient prendre les armes dans les premiers mois de 1562. Une collision sanglante qui eut lieu à Vassy, entre les protestants et les gens du duc de Guise, devint le signal du soulèvement et de la levée en masse des religionnaires. Condé, leur chef élu, prit Orléans, puis Blois, Tours, Angers, Le Mans; la moitié des villes de France furent prises où se rendirent en moins de six mois.

Antoine de Bourbon est, comme nous l'avons dit, blessé devant Rouen, au milieu des catholiques ; brave, mais plein de doutes sur la prééminence des deux religions, il avait opté pour la moins utile à sa fortune, comme le lui reprochait Jeanne d'Albret, il ne fut jamais qu'au second rang parmi les catholiques, tandis qu'il eut été au premier chez les protestants. Non mortellement atteint, en septembre 1562, il mourut des complications que lui apporta sa vie déréglée, le 17 novembre, après la prise de la ville où il put encore faire une entrée triomphale porté dans sa litière, par la brèche. Antoine était aimable, spirituel et bon, mais faible et léger, recherchant la société des jolies femmes et des gais viveurs ; il se plaisait à les réunir, soit à Prépatour, ferme sur les bords du Loir, où il avait fait pratiquer des logements, dont il fit son lieu de repos de chasse et de plaisir ; soit dans le petit manoir de la Bonnaventure, près le Gué-du-Loir, qui appartenait à M. de Salmet, un de ses officiers, et y composait de joyeuses chansons parmi lesquelles chacun connaît le refrain de *La Bonnaventure au Gué*. Le couplet, cité par Molière « Si le roi m'avait donné Paris, sa 'grand' ville » a été composé par Antoine lui-même. Sa petite cour n'avait pas moins de goût pour les arts que pour les plaisirs de l'esprit. C'est alors que Raphaël de Taillevis, son médecin, fit construire le charmant portail du château de la Maizière, dans le vallon de Lunay, et que le poëte Ronsard, un des commensaux d'Antoine, décorait de gracieux emblèmes et de devises ingénieuses, le manoir de la Poissonnière où il était né, que ses ancêtres possédaient depuis des siècles, qu'il ne posséda jamais et dont il ne prit jamais le titre de seigneur.

Dans les dernières années du règne de Henri II, Antoine embrassa le parti de la Réforme, parce que c'était la mode parmi les gens bien élevés ; parce qu'il aimait les vers et les psaumes de Marot ; enfin parce que les Guises, ses rivaux de crédit et de puissance, s'étaient déclarés les champions du catholicisme. Après la mort du roi, il avait établi un prêche à Vendôme, tout près du château.

Jeanne d'Albret avait un caractère ferme et des convictions sincères ; élevée dans la religion catholique, elle résista longtemps aux instances de son mari qui voulait la conduire au prêche. « Songez-y bien, lui a dit-elle, si j'y vais une fois, je n'en reviendrai plus. » Elle céda à la fin, mais ce fut après avoir consulté les docteurs, surtout Théodore de Bèze, étudié les livres de controverse, et là où son mari ne voyait qu'un passe-temps nouveau, une intrigue de cour, elle porta toute l'énergie d'un esprit sérieux et convaincu.

L'année 1562 s'ouvrit par l'édit de janvier, qui accordait aux Huguenots l'exercice public de leur religion. Le Parlement refusa d'enregistrer cet édit et ne le fit qu'après deux lettres de jussion. En 1564, Calvin meurt.

Introduction de la Réforme dans le Maine
Prise du Mans et ses suites

Les progrès de la réformation amenèrent de Tours au Mans (1559) un ministre protestant, nommé Henri Salvert, auquel succéda bientôt un homme plus célèbre, ami de Théodore de Bèze, l'éloquent prédicateur Jean-Raymond Merlin. Au milieu de ses sectaires armés de piques, de bâtons, d'épées, Merlin prêchait sous les halles, trois fois la semaine, y célébrait la Cène, administrait le baptême et y entonnait les psaumes traduits par Marot. C'est là qu'il admonestait les grands et les magistrats, ses disciples, quand ils ne se rendaient pas assidûment au prêche ; qu'il faisait faire à chacun l'aveu de ses fautes et des infractions à la nouvelle discipline.

Les conquêtes spirituelles de Merlin ne furent pas moindres au Mans qu'à la Rochelle, dont il était ministre et qu'il n'avait quittée que pour répandre et faire prospérer la nouvelle doctrine dans le Maine. Ses prédications lui attirèrent de nombreux sectaires ; de ce nombre, furent les officiers du Présidial, des domaines, de l'élection, le chef de la maréchaussée avec ses archers, des avocats et plus de deux cents bourgeois qui, tous, firent profession de la nouvelle religion.

En 1560, fut créé au Mans, le premier consistoire de l'Église réformée. En 1561, les Calvinistes de Laval lui demandent un ministre.

Bien longtemps avant la venue de Salvert et de Merlin au Mans, des novateurs avaient fait retentir la chaire de l'hérésie des nouvelles doctrines. « Le relâ-
« chement dans lequel vivaient les gens d'église, dit le

« chanoine Morand, faisait gémir les gens de bien, et
« les déclamations contre ces désordres ouvraient les
« voies par où l'hérésie se glissait dans les cœurs déjà
« mal édifiés des dérèglements du clergé. Les gens de
« la campagne se gagnaient, surtout, par l'espérance
« de ne plus payer les dîmes, les oblations, ni cette
« foule de droits dont ils étaient surchargés. D'autres
« se flattaient de l'espoir de s'enrichir bientôt, par le
« pillage des églises et des biens du clergé. Le retran-
« chement de la confession sacramentelle, de l'absti-
« nence du vendredi et des jeûnes du carême, étaient
« du goût de bien des gens ; et ceux qui, malgré eux,
« se voyaient engagés dans le célibat, trouvaient bonne
« une doctrine qui les en allait dispenser. Aussi noblesse,
« clergé, magistrats, financiers, bourgeois, artisans,
« paysans, chacun trouvait dans la Réforme quelque
« chose de conforme à ses goûts et à ses opinions. »

L'évêque d'alors (1546) était René du Bellay, prélat
horticulteur, cité par Conrad Gessner comme possédant
à Touvoie le plus riche jardin de l'Allemagne et de
l'Italie: on lui doit l'introduction de la culture de la
nicotiane ou tabac. Il ne trouva rien de mieux à
opposer à ces nouvelletés, que de faire souscrire à son
clergé un formulaire approuvé par la Sorbonne, afin de
connaître les partisans des nouvelles erreurs. Enfin,
un Cordelier s'étant étendu en chaire sur l'ignorance
et le dérèglement des mœurs du clergé séculier, le
Chapitre dressa des statuts touchant la résidence, la
régularité dans le service divin, la modestie dans
l'église, le bon exemple et l'édification à donner aux
laïques. Par malheur, il était trop tard, l'ouragan était
déchaîné.

Les Calvinistes du Mans, excités par les succès de
leurs coreligionnaires dans toute la France, eurent le
désir de s'emparer de l'autorité dans cette ville. Ils se
rassemblent le 1er avril 1562 à l'hôtel du Louvre, joli
édifice de la Renaissance, qui existe encore rue de
l'Ecrevisse, entre le marché Saint-Pierre et la place du
Hallay, chez Jean de Vignolles, lieutenant particulier,

afin de discuter et d'adopter le plan d'exécution. L'intention des conjurés n'était point hostile aux habitants. Pour éviter les excès qui pourraient être commis par un grand nombre de soldats appelés par eux de Mamers et de Bellême, il fut résolu que de Vignolles et Bouju, sieur de Verdigny, premier lieutenant criminel du Maine, se saisiraient des clefs de la ville, et qu'on établirait aux portes des capitaines huguenots.

Louis Dagues était alors connétable du Mans, les clefs de la ville lui étaient confiés à ce titre ; on profita de son absence pour contraindre Renée de Landisson, sa femme, à les livrer. Les portes furent fermées, des corps de garde y furent placés, la place d'armes fut installée sur le marché de Saint-Pierre, d'où partaient continuellement des patrouilles pour empêcher le tumulte et le soulèvement des habitants dans les quartiers éloignés. C'est le vendredi de la semaine de Pâques, 3 avril 1562, que les chefs Calvinistes, au nombre desquels il faut signaler Jean de Champagne, sire de Pescheseul et Jean de Boisjourdan, se rendirent maitres de la ville sans coup férir et sans grandes violences ; ils devaient la garder jusqu'au 11 juillet suivant. Il y a de grandes divergences dans l'appréciation de la conduite tenue par les Huguenots après leur victoire. Les unes inventées, dénaturées par l'esprit de parti, détaillent des scènes tumultueuses de carnage et d'horreur. Un auteur contemporain, Blondeau, dans son livre qui a pour titre : *L'Invasion de la ville du Mans par les Religionnaires*, dit, au contraire, que la ville fut prise sans carnage. Bouju, de Vignolles et Taron, le plus ancien des avocats du roi, cinq semaines après la prise de la ville, gardèrent quelques formalités de justice pour donner des prétextes au pillage de la cathédrale.

Charles d'Angennes n'eût pas plutôt connaissance des projets des Calvinistes, qu'il s'éloigna, emportant avec lui douze grandes statues d'argent fort pesantes et ornées de pierres précieuses ; elles représentaient les douze apôtres, et avaient été offertes par les comtes du

Maine. On les avait enlevées et mises en lieu sûr dès les premiers troubles. Le prélat se réfugia avec ce trésor à son château de Touvoie en Savigné-l'Évêque ; on ne les a jamais revues. Les légendes locales les ont dites enfouies dans maints lieux divers du département ; je me souviens que, dans ma jeunesse, des recherches furent faites en maint endroit, une société anglaise voulut même s'organiser en vue de rechercher le trésor. On eut beau consulter les somnambules les plus extra-lucides, tout fut inutile, on y renonça.

Les religionnaires députèrent le sieur Dumortier auprès de la reine-mère, pour l'assurer de leur soumission, et protestant qu'ils n'ont pris la ville que pour la maintenir sous l'obéissance du roi et la soustraire aux entreprises du triumvirat des Guises.

Le Parlement de Paris ayant, par son arrêt, déclaré les Huguenots criminels de lèse-majesté, avec injonction de leur courir sus, cet arrêt publié chaque dimanche au prône, ce qu'on appelait « lâcher la grande leuvrière », irrita tellement ceux de la religion réformée, qu'ils rendirent toutes brides à leurs ressentiments.

Le couvent des Jacobins fut pillé, on voulait y mettre le feu, mais les voisins s'y opposèrent, craignant d'être victimes de l'incendie. On enleva les provisions pour les soldats, le reste fut mis à sac. Des manuscrits rares et précieux furent brûlés, gâtés ou volés.

Celui des Cordeliers fut réduit en cendres, on y mit un tel acharnement que les incendiaires portaient de la paille et des étouppes partout où les flammes ne pouvaient pénétrer. Ce qui ne fut pas brûlé fut abandonné à la populace ; un propriétaire, avocat, Guillaume Thomas, homme essentiellement pratique, fit transporter des poutres et des solives à son lieu de la Futaye, en St-Pavin-des-Champs, qu'il faisait construire.

Les Mémoires du temps expliquent ainsi l'acharnement des révolutionnaires contre ces couvents : « Ils « avaient avisé et regardé tous ensemblement « qu'en ôtant ces deux couvents de bélîtres, il se trou- « vait d'épargné la somme de 15 mille livres par an,

« pour le pays du Maine, qu'on n'avait affaire de
« Jacobins ou de Cordeliers, qu'ils ne servaient à rien ;
« que le couvent des Jacobins était trop magnifique
« pour des moines et conviendrait mieux pour loger
« un prince ».

L'église St-Pierre de la Cour, enrichie des dons de
Henri II d'Angleterre et comte du Maine, en pierreries
et ornements, ne fut point épargnée par eux.

La cathédrale fut pillée le 7 mai, jour de l'Ascension.
On procéda, nous l'avons dit, avec un certain ordre et
une sorte de régularité à la spoliation du trésor et des
objets précieux de cette église, l'une des plus riches de
France. Les profanations suivirent, les statues furent
brisées, on brûla les titres, on fractura les tombeaux
des évêques, on ne respecta que ceux de Charles IV,
duc d'Anjou et de Langey du Bellay.

Après ces pillages, les Huguenots courent les villages
voisins, pillent le couvent des Chartreux à St-Denis-
d'Orques, le château de Touvoie ; mais les paysans leur
coururent sus et en tuèrent plusieurs qui se retiraient
à la débandade chargés de butin.

Les femmes de quelques-uns des principaux chefs de
l'insurrection, au milieu de ces scènes de vandalisme,
se firent remarquer par leur exaltation. Les dames de
Vignolles, de Versé, Macé-Pottier et une autre désignée
seulement par une initiale et non nommée par Blondeau,
étaient, pendant l'incendie des Cordeliers, montées sur
les tours de la ville, applaudissant et excitant de la
voix et des battements de mains les soldats au pillage.
Ces femmes fanatisées assistaient au prêche armées
d'arquebuses et de pistolets. L'une d'elles, la dame
de Versé, sollicitait les épouses à quitter leurs maris
pour suivre la nouvelle loi ; elle donna 300 livres à
une fille pour qu'elle célébrât son mariage à la hugue-
note.

Les dames Macé-Pottier et de Vignolles parlaient
souvent du bonheur qu'elles éprouveraient à tenir la
tête de la bête (l'évêque) pour en manger à leur souper
(singulier goût), celles de ce vilain Guise, de la grande

cardinale (Mme d'Aumale) et des frères Frappards (les Jacobins); c'étaient des détraquées, dirait-on aujourd'hui.

D'opprimés, les Huguenots ne tardèrent pas à devenir oppresseurs. Ils se croyaient forts, ils installaient leur culte partout, à leur convenance, en plein jour et forçaient leurs adversaires à exercer le leur et à le cacher dans les ténèbres. Des excès regrettables furent commis. Pour les justifier, les Calvinistes s'autorisaient des ordres donnés par le duc de Guise aux gouverneurs de Mayenne, Sablé et la Ferté-Bernard, d'y exterminer tous les religionnaires. Ils arguaient aussi de la conduite de l'évêque du Mans. Ce prélat, oubliant les véritables devoirs d'un bon pasteur, se montra le plus fougueux persécuteur des malheureux que la charité chrétienne eut dû lui imposer le devoir de ramener par la douceur et la persuasion. Loin de là, il leva un corps de 500 hommes à la tête duquel il parcourait les environs du Mans, pillant et mettant tout à feu et à sang. Ses archers servirent les fureurs réactionnaires en exerçant dans la ville et dans les campagnes tout ce que la licence la plus effrénée peut inspirer de cruautés.

Cependant les Calvinistes évacuèrent la ville le 11 juillet. Furent-ils effrayés par le bruit de la marche du duc de Montpensier, gouverneur d'Anjou, de la Touraine et du Maine, qui s'avançait pour soumettre les rebelles; ou bien par le bruit répandu qu'à l'occasion de la fête de sainte Scholastique, l'évêque avait fait pénétrer dans la place, un grand nombre de soldats déguisés en paysans, sous prétexte de dévotion à la sainte; et que la défection des capitaines de Champagne et de Boisjourdan, d'accord avec l'évêque, leur fissent craindre un massacre général; soit enfin, qu'une terreur panique se fût emparée d'eux, terreur attribuée par les catholiques à un miracle de la sainte, que l'on fêtait ce jour-là. Ils partirent. Ce mouvement ne se fit pas en désordre, la garnison et tous les habitants qui voulurent la suivre, sortit par le pont Ysoard, commandée par La Motte-

Tibergeau, mestre de camp. Ils arrivèrent à Beaumont-le-Vicomte dont ils canonnèrent les portes, en brûlèrent l'église, les halles et plusieurs maisons, fondirent les cloches et pillèrent les habitants. Ils continuèrent leur marche sur la Normandie, une partie put passer en Angleterre : le plus grand nombre se réunit aux troupes de Montgomery, qui les envoya tenir garnison à Vire, où ils se rendirent odieux aux habitants par leurs excès. Ils furent passés au fil de l'épée lorsque cette ville fut prise par les catholiques.

La réaction maîtresse, ne respecta rien. Les renégats, Jean de Champagne et Boisjourdan se montrèrent les plus féroces persécuteurs de leurs anciens coreligionnaires. Le seigneur de Peschescul les attirait, par ruse ou par force, à Sablé et les faisait jeter dans la Sarthe, c'est ce qu'il appelait « les faire boire à son grand godet. »

Deux gentilshommes, les Chalopin, désignés sous le nom de Pézats, se couvrant du masque de la religion, se mirent à la tête des affaires : rien ne se faisait que par leurs ordres ; ils parvinrent à s'enrichir de plus de 500 mille écus en dépouillant ceux qu'ils persécutaient. Les maisons des plus riches des religionnaires furent mises au pillage ; le Chalopin fils, à la tête de la populace, fut arrêter Taron, premier avocat du roi, au palais ; des soldats furent chargés d'arrêter Bouju qui, dépouillé de sa charge, s'était retiré à sa terre de Verdigny ; il s'y défendit et les soldats, pour se venger de n'avoir pu le prendre, massacrèrent plusieurs personnes de la contrée.

Sans avoir égard aux lettres d'absolution données par le roi, le Présidial du Mans, par sentence, déclarait rebelles, convaincus du crime de lèse-majesté divine et humaine et condamnait Jean de Vignolles, lieutenant particulier, à être roué, son corps coupé en quatre morceaux, sa tête à la pointe d'une lance, pour être exposés sur les principales avenues de la ville ; les autres à être pendus ou décapités ; tous à des amendes et dommages et intérêts, leurs biens confisqués, leurs enfants dégradés de tous états, inhabiles à succéder. Cet arrêt fit mourir deux cents personnes des deux sexes; ceux qui avaient fui furent exécutés en effigie.

En 1564, des commissaires furent envoyés à la suite de l'édit de pacification; c'étaient les conseillers au Parlement de Paris, Brissonnet, Leveau, Boucher. Loin de pacifier, ils bouleversèrent la province et ranimèrent la discorde en soutenant le gouverneur Leroy de Chavigny, qui exerçait contre les réformés une foule d'injustices et de déprédations.

L'évêque Charles d'Angennes était de retour du Concile de Trente où il avait accompagné le cardinal de Lorraine, aussi disait-on : « Que non-seulement le « Saint-Esprit, mais encore les douze apôtres, avaient « assisté à cette assemblée ». Rentré dans son évêché, il ne fit que souffler le feu, il fit signer à son clergé une profession de foi qui lui garantissait son orthodoxie.

De plus, il allait de maison en maison faire souscrire à tous les gentilshommes catholiques une espèce d'association qui fut l'origine de la Sainte Ligue. Il fit dresser, de plus, par son clergé, la liste de tous les hérétiques ou suspects d'hérésie, leurs qualités, leurs forces. « Pour, disait-il, leur sonner à la première « occasion un retour de Vêpres Siciliennes ». Il fut enfin, auteur de sédition et violateur de la paix en faisant des levées de gens d'armes, en recélant les meurtriers et en empêchant le prévôt d'instruire et de sévir contre eux. Charles d'Angennes envoyé par Charles IX à Rome pour faire agréer par le Pape les motifs qui l'avaient conduit à faire la paix (1569), ne reparut plus dans le Maine; on peut attribuer à son absence la tranquillité dont la province jouit à cette époque. Il mourut cardinal de Rambouillet.

Deux paroisses de la Sarthe fournissaient surtout au recrutement des bandes d'assassins et de pillards: Courdemanche et Saint-Vincent du Lorouer; on les retrouve partout, jusque dans le Perche où, à la solde du sieur d'Authon, ces bandits assassinent une famille protestante de ses vassaux. C'était un vieux germe qu'y avait laissé la tradition du capitaine Charles de Couesme, seigneur du Grand-Lucé, chef d'une compagnie de francs-archers levée par lui en 1521 pour assurer la tranquillité publique et qui ne fut, par les désordres qu'elle commit dans les campagnes, qu'un surcroît de calamités pour le pays ; on fut contraint de la licencier. Le terrain, paraît-il, était favorable : la semence prospéra.

Les Matines Calaisiennes

C'est en 1562, en avril ou au commencement de mai, que se passèrent les événements qui ont été appelés, par certains historiens, les Vêpres Calaisiennes et qu'avec d'autres, nous préférons nommer les Matines Calaisiennes. Il existe sur ce fait plusieurs versions.

La première : Les moines de l'abbaye, apprenant que Jacques ou Joachim Levasseur, seigneur de Cogners, le principal chef calviniste de la contrée, se rendait au Mans avec une troupe de partisans pour se réunir à ceux qui s'étaient emparés de cette ville, lui demandèrent une sauve-garde qu'il leur accorda. Mais les moines, après avoir reçu les Calvinistes, en prévinrent secrètement un corps de catholiques, qui, au signal de la cloche, à l'heure des vêpres, entrèrent dans l'abbaye et y égorgèrent les religionnaires. Instruit de cette trahison, le seigneur de Cogners revient sur ses pas et fait pendre aux cloches de leur église, le prieur, ainsi que plusieurs moines et serviteurs qui avaient pris part à cette assez vilaine action.

L'abbé n'était pas présent. Depuis 1533, l'abbaye, après la mort de son dernier abbé régulier élu, n'eut plus que des abbés commendataires. De 1549 à 1569, c'était Nicolas Thibaut ; sous lui, l'abbaye fut saccagée et brûlée par les Huguenots ; il n'en resta que le clocher avec une partie de l'église.

La seconde prétend que ce n'est qu'après la prise du Mans par les catholiques, que les religionnaires des environs auraient demandé à se réfugier dans l'abbaye comme dans un lieu de sûreté et auraient été égorgés au mépris des lois de l'hospitalité. Tous les historiens sont d'accord sur le fait principal, ils ne diffèrent que par les détails ; nous préférerions la première version, pour l'honneur des moines.

La troisième version s'appuie sur un passage où de Thou, dans son Histoire, dit : « La population, irritée « contre les protestants, qui avaient brisé les images « et poussé la barbarie jusqu'à violer les sépultures des « comtes de Vendôme, en conçut une haine si furieuse, « qu'elle crût devoir les traiter comme des chiens « enragés ».

Les protestants, de leur côté, étaient si animés et si pleins de fureur que les plus sages d'entre eux furent obligés de faire venir des troupes du Mans. La noblesse catholique prit les armes et choisit un Ronsard pour la commander. Celui-ci, qui ne pouvait plus souffrir l'insolence de ceux qui allaient impunément piller les temples, châtia sévèrement un grand nombre de ces déprédateurs, mais sachant qu'il arrivait un corps de troupes du Mans, il se retira lui et les siens. Son oncle Charles de Ronsard, curé d'Évaillé, curé très batailleur, rentra dans son presbytère.

Les troupes huguenotes se répandirent dans tout le Vendômois, vinrent à Saint-Calais et mirent garnison dans l'abbaye, c'est-à-dire dans la forteresse que nous avons signalée. Cette garnison ne faisait pas une garde bien exacte, les sentinelles n'étaient pas en assez grand nombre. Les moines, qui « n'aimaient pas de pareils « hôtes » appellent du secours. La cloche qui sonnait les vêpres ou plutôt les matines, fut comme le signal. Les moines, à la tête du secours qu'ils avaient reçu, attaquèrent les Huguenots qui étaient dans l'abbaye et en tuèrent environ trente. C'est là un fait de guerre civile et non une trahison. Les catholiques avertis étaient revenus à la charge et au signal convenu l'abbaye est reprise d'assaut ; la garnison calviniste, écrasée par l'ennemi du dedans et du dehors, est forcée d'abandonner la place.

Le seigneur de Cogners, à la tête d'une troupe, arrive à St-Calais, bat et met en déroute les auxiliaires et punit d'une manière cruelle les moines et les prêtres qui s'étaient réfugiés dans l'abbaye. Les ayant presque tous tués, les deux qui avaient sonné la cloche furent pendus dans l'église même où ils avaient donné le signal, non pas à l'heure de vêpres, peu favorable pour une surprise, mais à l'heure de matines.

La délivrance du Mans devint fatale à Saint-Calais ; les principaux chefs, forcés de quitter cette ville, vinrent avec leurs bandes s'abattre sur l'abbaye. Les défenseurs sont forcés de battre en retraite ; ce fut alors une horrible scène de dévastation et de carnage : moines pendus, prêtres égorgés, autels profanés, statues des saints brisées, et non contents d'avoir fait couler des flots de sang, tout ce qui avait échappé au pillage et à la soldatesque fut dévoré par les flammes ; ajoutons toutefois, que les moines avaient pu mettre à l'abri ce qu'ils avaient de plus précieux. Il ne resta que le clocher et une partie de l'église qu'avait terminée l'abbé Jean de Ronsard dont on voyait au-dessus de la porte les armes, les trois poissons (rosses ou rousses) qu'il y avait fait poser. Notre hôpital et le couvent de la Sainte-Enfance possèdent chacun un tableau inachevé portant les armes des Ronsard. Ces tableaux viennent-ils de l'abbaye ou du presbytère d'Évaillé, je n'en sais rien, mais cela est possible.

Le même jour des Matines Calaisiennes, le curé de Rahay suivi de ses paroissiens, tua deux hommes de la religion ; d'autres, se rendant à Mondoubleau, furent massacrés par des paysans.

En 1863, lorsqu'on démolit l'ancienne église devenue la vieille halle pour construire la nouvelle, on trouva dans le sol d'une cour de l'ancienne prison, à une minime profondeur, une vingtaine de squelettes jetés pêle-mêle dans une fosse et bien conservés — je les ai vus, ils étaient en face du portail de l'hôtel Cohin ; il n'est pas douteux que c'étaient les restes des Huguenots massacrés : on eut pris plus de soins pour les catholiques.

Les seigneurs catholiques se mirent en campagne, la mort de tous ceux qui avaient pris part à ces atrocités fut jurée; ils ne connurent plus ni paix, ni trêve, chefs et soldats furent traqués comme des bêtes fauves. Tous ne furent pas exterminés, mais Levasseur et son lieutenant, de la Curée, y trouvèrent la mort.

En parlant de la défaite des catholiques par Levasseur, nous avons parlé du curé Baron d'Evaillé, un des chefs les plus ardents. C'était Charles de Ronsard, frère du poète Pierre et non le poète, comme l'ont prétendu de Thou et comme l'a répété Henri Martin. C'est un point nettement mis en lumière par Mégret-Ducoudray, à la suite de ses recherches dans les archives de la Préfecture de la Sarthe. Après la destruction de sa bande, Charles de Ronsard parvint à s'échapper, il fut pourvu d'autres fonctions et mourut doyen du Chapitre de la cathédrale du Mans.

En résumé, les Matines Calaisiennes ne furent qu'un épisode de la guerre civile dans notre pays — c'est l'opinion soutenue par Mégret-Ducoudray, c'est celle que nous adoptons, comme celle qui se présente avec le plus de vraisemblance et de raison. — Nous ne les déplorons pas moins, à cause de leurs horribles et regrettables détails.

Fins de nos principaux personnages

À la mort d'Antoine de Bourbon, Jeanne d'Albret gouverna sous le nom de son fils mineur, Henri de Navarre: elle nomme Joachim Levasseur de Cogners, gouverneur de Vendôme en remplacement de René de Malherbe de Marçon ; il avait pour lieutenant Philippe ou Philibert Filhet de la Curée, seigneur de la Roche-Turpin.

Les catholiques supportaient impatiemment le joug d'une minorité oppressive. Dès le commencement de l'année 1562, peut-être à la fin de 1561, ils formèrent une union secrète par laquelle ils s'engageaient à défendre la religion, le clergé et les églises contre les violences des hérétiques et à se porter énergiquement secours, pour se venger par les voies de la justice, ou par la force des armes, de tout dommage ou tort qui serait fait à l'un des membres de l'Union : ces associations partielles devinrent les éléments de la Sainte Ligue.

Nous avons vu son intervention à Saint-Calais et sa coopération aux Matines Calaisiennes. Les principaux chefs vendômois furent Paul de Chabot du Frêne, René du Bellay, seigneur de la Flotte, Ronsard, seigneur de la Poissonnière et Jean de Maillé, seigneur de Bénehart. Le chef de cette noblesse fut un Ronsard, non pas le poète, comme l'a dit d'Aubigné, comme l'ont répété de Thou, Renouard, Henri Martin et Mégret-Ducoudray lui-même. Pierre de Ronsard avait alors quarante ans, il était complètement sourd et tout entier livré au culte des lettres. Mais avec M. de Rochambeau qui connaît si bien « la famille de Ronsard », nous pensons que c'était son neveu Loys de

Ronsard, fils de Claude, qui, avec René du Bellay son parent, ami et voisin, fut la terreur des hérétiques du pays. Loys avait alors vingt-neuf ans et avait suivi la carrière des armes ; à sa mort, en 1578, il est qualifié, dans son testament, seigneur de la Poissonnière et gouverneur du Vendômois.

La reine Catherine envoya Miron, conseiller au Parlement de Paris, avec mission de faire exécuter l'édit de 1563, édit qui permettait aux Huguenots de pratiquer tranquillement leur culte, en leur accordant l'absolution du passé et les réintégrant dans leurs charges et honneurs. Le choix de Miron n'avait pas été heureux. Il arriva à Vendôme en 1564 et sa haine contre les protestants ne tarda pas à exciter de nouveaux désordres.

Jeanne d'Albret et les siens, qui ne s'étaient pas montrés tendres pour les catholiques du Béarn et de Navarre, ne s'arrêtèrent pas dans leur propagande dans le Vendômois, pas plus que dans leur spoliation et leur œuvre de destruction anti-catholique (Suppression des églises, pillage de la collégiale de St-Georges, le Saint-Denis Vendômois ; ils en firent un temple, sa cloche appela les Huguenots au prêche, le trésor fut enlevé et les chanoines dépouillés du privilége de l'instruction qu'ils détenaient depuis de longues années ; enfin, la violation des tombes des comtes et ducs de Vendôme et toutes les entraves au culte catholique). Leurs excés excitèrent une indignation générale ; l'arrêt du Parlement dont nous avons parlé à propos du Mans, souleva la population des campagnes, ce qui fit dire à de Thou « que le campagnard « avait conçu une haine si furieuse, qu'il crut devoir « les traiter comme on traite les chiens enragés ».

La noblesse, à qui Filhet de la Curée, lieutenant du gouverneur, spécialement chargé du Bas-Vendômois, était devenu odieux parce qu'il annonçait l'intention de poursuivre avec rigueur « les voleurs et assassineurs « publics qui se retiraient dans cette contrée », c'est-à-dire, les hommes que les seigneurs catholiques tenaient à gage pour l'exécution de leurs vengeances, ful spécialement menacé; les conjurés jurèrent sa mort, ils choisirent pour siège de leurs complots le château de la Poissonnière, que Pierre de Ronsard venait de consacrer aux grâces et à la volupté.

Levasseur et de la Curée firent connaître à Miron l'état fâcheux du Bas-Vendômois, c'est-à-dire du pays depuis Vendôme jusque près de Château-du-Loir; tout ce pays relevait du diocèse du Mans et appartenait au duché de Vendôme. Ils lui démontrèrent la nécessité de le débarrasser des bandes de brigands, voleurs et assassins dont le repaire ordinaire était dans les paroisses de Courdemanche et de Saint-Vincent-du-Lorouer.

Miron feignit de consentir et leur donna commission pour informer contre ceux qui troublaient la tranquillité publique. En même temps, il envoyait des commissions semblables à Leroy de Chavigny, gouverneur du Mans, à René du Bellay, sieur de la Flotte, à Jean de Maillé, sieur de Bénehard et à Jean Hardyau, prévôt du Mans, pour informer contre les Calvinistes.

C'est dans ces circonstances que la plus basse vengeance se commettait contre un des hommes qui avait plus à cœur de rétablir la paix.

Philibert Filhet de la Curée habitait, dans la paroisse d'Artins, le château de la Roche-Turpin — un de ses frères vivait dans celle de Tréhet. — René du Bellay et Maillé circonvinrent ce frère, pour l'engager à attirer chez lui de la Curée, sans plus de confidence. Le jour est fixé, on avertit le gouverneur du Mans qui envoie des Rués et Hardyau, ses lieutenants, avec trente archers à cheval; on publie que cette troupe est envoyée pour arrêter les bandits de Saint-Vincent et de Courdemanche; on lui fait faire dix lieues sans débrider pour se réunir, à la Flotte, à Maillé et au sieur de la Poissonnière, Loys de Ronsard. Un sieur Bernardet, gascon, meurtrier du comte de Sancerre, va se poster près du château de la Roche-Turpin.

Le 16 août 1564, de la Curée sort paisiblement de chez lui, sur les 5 heures et demie du matin, accompagné seulement d'un serviteur à cheval portant un

tiercelet d'autour (pour la chasse à l'oiseau). Bernardet
le suit, l'atteint près de la Poissonnière, y entre pour
prendre deux coupe-jarrets comme lui, avec lesquels il
le suit jusque dans la plaine de Couture. « Il trouva à
« l'entrée d'icelle les deux laquais qui menaient les
« chiens, et un peu plus avant l'homme de cheval qui
« ne pouvait piquer quant et quant son maître, pour
« autant que son oiseau se battait ». Bernardet et les
siens séparent de la Curée de ses serviteurs, lui coupent
le chemin et lui tirent un coup d'arquebuse; le coup
mal dirigé n'atteint pas le lieutenant du roi, qui, après
quelques paroles échangées, pique des deux pour regagner son habitation; mais, en sortant de la plaine, il
rencontre les archers de Chavigny qui lui barrent le
passage. Tournant à droite, il essaye de passer le Loir
à gué lorsqu'il aperçoit huit cavaliers, sortis de la
Flotte, qui l'attendaient sur l'autre rive. Ne voyant plus
alors aucun moyen de fuir, il songe à vendre chère-
ment sa vie; il se tourne contre un des compagnons de
Bernardet, nommé la Veille dit Poudrier, qui se trouvait
en avant et décharge sur lui son pistolet sans l'attein-
dre, puis il marche droit à lui l'épée à la main, mais
Poudrier l'atteint d'un coup de feu dans l'œil droit qui
le renverse. Il est achevé par Bernardet et Monchenou
qui, avec Poudrier, le dépouillent et lui volent son
cheval, ses armes et ses habits. Les motifs religieux
qui inspirèrent ce lâche forfait, cette horrible chasse à
l'homme, n'auront jamais assez de puissance pour lui
ôter le caractère d'un odieux assassinat auquel, des
fenêtres de la Flotte, présidèrent les chefs ligués, René
du Bellay, Loys de Ronsard et Maillé Bénéhart.

Ce crime resta impuni, Miron favorisait trop les
catholiques. Ayant appris que la reine de Navarre était
en route pour Vendôme, il en avisa le duc de Montpensier qui commandait dans le Maine; il lui écrit qu'elle
venait avec 1500 chevaux pour surprendre Orléans,
Blois, Amboise et Tours et « en | cas, ajoute-t-il que
« vous n'ayez vos forces promptement, il faut, s'il
« vous plaît, Monseigneur, que vous donniez pouvoir,

« liberté et commandement au peuple, de s'eslever et
« avec le son du toxin, prendre les armes et courir sus
« à la reine de Navarre ». Conseil qui, s'il eût été
suivi, eût amené inévitablement le massacre de cette
princesse, dont toute la suite consistait en douze
gentilshommes et un grand train des dames de sa
maison.

Malgré ces troubles et ces cruelles représailles, le
Vendômois resta aux mains des Calvinistes tant que
Jeanne Dalbret vécut ; elle mourut à Paris, le 9 juin,
1572 : elle s'y trouvait appelée par le mariage de son
fils avec Marguerite de Valois, sœur du roi.

Le massacre de la Saint-Barthélemy suivit de près ce
funeste mariage. Le jeune Henri fut forcé, le poignard
sur la gorge, d'abjurer ses croyances pour sauver sa
vie. Il avait été arrêté avec Condé et conduit dans le
cabinet du roi qui les reçut avec emportement, leur
criant au milieu des jurons et des blasphèmes « la
« messe ou la mort ! » Les princes se rendirent à
l'église. Henri resta captif pendant près de quatre ans,
il fut exposé aux intrigues et à la fureur de ses plus
cruels ennemis, dans une cour la plus méchante et la
plus corrompue qui fût jamais. Le massacre exécrable
de la Saint-Barthélemy, qui devrait être effacé de nos
fastes, amena la mort de Levasseur, seigneur de Cogners,
gouverneur de Vendôme, qui fut égorgé pendant cette
lugubre nuit.

Ayant réussi à s'échapper, Henri, qui avait pris à la
mort de sa mère, le titre de roi de Navarre, revint à
ses croyances, fut reconnu pour chef par les Calvinistes
et vint à Vendôme ; mais comme la ville était toute
gagnée à la Sainte Ligue, il résida à Montoire, qui
tenait pour les protestants. Jean Maillé de Bénehart
un des premiers fondateurs de la Ligue des catholiques,
que nous avons vu à l'œuvre, fut appelé par le vœu
du peuple et de la noblesse aux fonctions de gouverneur de Vendôme, et Henri se vit contraint d'accepter
ce choix si contraire à ses idées.

Le Vendômois resta néanmoins sinon fidèle à son

Duc, tout au moins neutre, mais en 1589, à la fin d'avril, à l'approche de l'armée du duc de Mayenne, Maillé Bénehart se prononça pour la Ligue avec tous les habitants, et livra la ville à Rosne, lieutenant de Mayenne. Celui-ci prit ensuite Lavardin et Montoire en se rendant à Tours. Maillé se chargea de se rendre maître du reste du pays. Il échoua complètement devant Villedieu, bien défendu par ses habitants, commandés par Charles Bigot, leur compatriote. La redoute ne put être enlevée par les soldats de Maillé, qui se retirèrent.

Pendant que le Vendômois subissait l'influence de la Ligue, Henri, vainqueur de Mayenne au combat d'Arques, s'était rapproché de Paris et avait enlevé d'assaut les faubourgs de la rive gauche ; mais la ville semblant vouloir se défendre jusqu'à l'extrémité et Henri IV, nouvellement acclamé roi par tous ceux qui s'opposaient à la Ligue, n'ayant pas assez de forces pour en faire le siège, leva son camp. Il arrive devant Étampes, s'en empare, puis marche à travers la Beauce sur Janville et Châteaudun. De cette dernière ville, il envoie sommer les Vendômois de se rendre. Trois jours il attend en vain la réponse.

Le 14 novembre 1589, il marche par la rive gauche du Loir. Le 16, la ville de Vendôme est investie du côté sud. Jean ou Jacques III de Maillé Bénehart résiste avec 400 hommes de garnison et 800 bourgeois armés ; les fortifications, depuis longtemps négligées, menaçaient ruine. C'était, certes, folie que de braver une armée aguerrie et pourvue d'une bonne artillerie, dans de telles conditions.

Henri fut vivement irrité de la résistance opposée à ses armes victorieuses, par une ville son patrimoine et berceau de sa famille. C'était une félonie des plus coupables à ses yeux ; aussi se décida-t-il à faire un exemple terrible. Ses troupes occupèrent les faubourgs de Saint-Lubin et de Saint-Bienheuré ; lui, alla se loger au château de Meslay. La journée du 17 se passa en pourparlers entre Duplessis-Richelieu, prévôt de l'hôtel, père du cardinal, Maillé Bénehart et les habitants; on ne put les amener à capituler.

Ce jour-là, deux tanneurs, échevins de Vendôme, ayant été envoyés en députation au quartier royal, rencontrèrent dans la cour du château de Meslay, un officier très simplement vêtu auquel un d'eux demanda avec l'accent traînant du pays « où était le roi de « Navairre; » c'était à Henri IV lui-même qu'il s'adressait. « Ouvre donc la bouche, bougre, et dis Navarre. « Vive Dieu, je vous ferai bien voir que je suis le roi « de France ! » répondit le prince irrité. Les tanneurs-échevins furent tellement effrayés de cette brusque réponse, qu'ils s'enfuirent jusqu'à Vendôme, sans oser tourner la tête.

Le 18, attaque de la tour Saint-Georges (aujourd'hui l'hôtel-de-ville). Le 19, le roi fit établir une batterie sur les hauteurs de Saint-Lubin; le 20, elle ouvre son feu contre une tour voisine de la porte du côté du Temple; aux premières volées, les murs s'écroulent et des fantassins, voyant une brèche ouverte, montèrent à la tour abandonnée par ses défenseurs qui craignaient d'être écrasés sous ses ruines. Biron entraîne à la brèche toute son infanterie et fait descendre ses soldats dans la cour du château. Les bourgeois, sur les remparts, pris entre deux feux, se débandèrent et se précipitèrent dans la ville, par le pont de la rue Ferme. Les soldats d'Henri IV les suivent et entrent pêle-mêle, confondus avec eux, jusqu'à la place du marché. Au coin de cette place se trouvait la maison de Maillé Bénehart, les fuyards s'y retranchèrent et arrêtèrent quelque temps les assiégeants. Bénehart se défendit dans sa maison, d'étage en étage et ne fut pris en haut de l'escalier qu'à la suite d'un assaut meurtrier.

Après la prise du gouverneur, il n'y eut plus de lutte sérieuse, les soldats mirent la ville à sac durant deux jours et s'y livrèrent à toutes les violences.

Pendant que tous les hommes étaient aux remparts, les femmes, les enfants, les vieillards s'étaient réfugiés dans l'église St-Martin. Le père Robert Chessé, gardien des Cordeliers, fameux prédicateur, grand directeur de consciences, conseiller de Bénehart, ligueur acharné, qui avait soulevé toute la ville et l'empêcha de reconnaître Henri IV, qui avait entraîné le gouverneur et ses pénitents à prendre parti pour la Ligue, était en chaire. C'était un dimanche. « Il soufflait, dit l'abbé « Simon, le vent de la discorde, traitant Henri IV « d'hérétique, relaps, excommunié, retranché de « l'église, damné. Quelle honte, pour des catholiques, « de se soumettre à un damné ; que, qui n'était pas « contre lui, c'était être pour lui, et par conséquent « damné comme lui ! » — Tout-à-coup, une décharge de mousquets dirigée sur la façade, éclate. Le père Chessé, debout, sans aucun trouble, donne l'absolution à l'assemblée et l'exhorte à mourir. Les soldats se précipitent par la porte forcée : les uns se ruent sur la foule, la repoussant vers l'autel ; les autres, montent à la chaire, saisissent le religieux et le traînent sur la place plantée d'ormes séculaires, en lui prodiguant mille outrages.

En ce moment, d'autres soldats amenaient le gouverneur prisonnier pour le mettre à mort. Sa fermeté ne s'était pas soutenue, en se voyant aux mains de l'ennemi ; il s'était jeté aux pieds de Biron et avait demandé à parler au roi ; « Qu'on en fasse justice, dit Biron, « puisqu'il n'a su ni se rendre, ni se défendre ». Paroles injustes, car si Maillé ne se rendit pas, il sut défendre Vendôme avec une poignée de bourgeois contre de vieux soldats. Ce fut cette résistance obstinée qui exaspéra Henri IV et lui fit oublier sa générosité habituelle.

Maillé était un homme d'assez peu de courage, d'un esprit très borné, d'une religion mal éclairée. Il osa se révolter contre son souverain ; son dévouement à la Ligue fut poussé jusqu'à l'oubli de la foi jurée en livrant Vendôme aux ligueurs.

Voyant qu'il fallait mourir, Maillé se mit à genoux devant le gardien des Cordeliers et se confessa ; les soldats lui coupèrent la tête, en sa qualité de gentilhomme, et demandèrent une corde pour pendre le religieux à l'un des arbres de la place. Intrépide et calme, le père Chessé dénoue celle qui serrait sa robe de bure et la donne à ses bourreaux. Le courage de ce moine frappa tellement les soldats Huguenots, qu'ils ne purent s'empêcher de dire que le religieux était mort en brave, et le gouverneur en religieux.

Ils coupèrent la tête du père Chessé et la plantèrent avec celle de Maillé, dans l'intérieur de l'église Saint-Martin, sur une pierre en saillie au-dessus de la porte d'entrée. Malgré les transformations subies par cette église, aujourd'hui détruite, ces crânes sont restés à cette place, jusqu'au jour où un maire de Vendôme les fit transporter à l'Hôtel-de-Ville pour orner la cheminée de son cabinet. — Ils ont, parfois, de bien singulières fantaisies, messieurs les maires ! ! Depuis, ces crânes ont été placés dans le musée de Vendôme.

Après le supplice de son père, le jeune Maillé trouva un asile à l'abbaye de Saint-Calais.

Conclusions

Si les faits que nous venons de narrer n'étaient patents, aurait-on pu s'imaginer que ce brillant XVIe siècle eût pu finir dans des guerres de religion suivies de cette guerre civile mille fois plus horrible de la Ligue, où, sous le masque d'une religion de paix et de charité et pour des intérêts purement ambitieux et terrestres, le sang français fut répandu à flots, les crimes les plus abominables commis, l'État entraîné sur les bords de l'abyme. La faiblesse des trois rois, fils de Catherine, vint compliquer ces dissensions et la perfidie de la reine-mère ne fit que les envenimer. Ce fut, nous l'avons montré, l'origine du massacre de la Saint-Barthélemy et de la Sainte Ligue avec tout son cortège d'horreurs.

Il est bien difficile de décider de quel côté furent les plus grands torts, les plus cruels, les plus répréhensibles excès. Si la vérité exige de dire que les religionnaires furent les premiers coupables, qu'ils avaient commis les premières violences contre la religion établie, les infractions à la tranquillité publique et aux lois, les catholiques n'ont rien à leur envier sur tous ces points. Cette belle Renaissance, si intelligente et si artiste, devait-elle finir par ces violences et ces excès de sauvage destruction ! Mais, la nuit du 24 août 1572 (fête de saint Barthélemy) et toutes les fureurs de la Ligue, qui ne prit fin qu'au sacre d'Henri IV à Chartres, en 1594, jettent un poids énorme dans la balance en faveur des religionnaires et contre leurs ennemis.

Catherine de Médicis, cette énigme historique encore à expliquer, châtiée dans le seul endroit sensible de son cœur, son affection pour Henri II qui l'abandonnait, se lança dans la politique et voulut s'attirer les grands seigneurs. Les intrigues galantes devinrent le grand ressort de sa diplomatie ; toujours entourée d'un essaim de brillantes et faciles beautés qu'elle dressa à servir ses volontés et ses desseins et qu'on appelait l'escadron volant de la reine, sa vie, au milieu « de ces folastreries » resta constamment irréprochable. Régente, elle gouverna politiquement, ne croyant à pas grand chose, sauf peut-être à l'astrologie ; elle fit, à maintes reprises, de vains efforts pour arrêter la guerre civile. Elle sut, avec ses amis, circonvenir ce misérable fou de Charles IX, qui consentit au massacre de la Saint-Barthélemy, et acquit ainsi une honte éternelle et sa réprobation dans l'histoire. Négligée par son fils favori, presque sacrifiée à ses Mignons par Henri III, cet homme-femme, avec ses orgies immondes, ses momeries et sa politique indécise et flottante ; brouillée à mort avec son gendre Henri de Béarn, elle reporta ses affections sur la chimère d'une dynastie lorraine par les enfants de sa fille Claude, mariée à Charles de Lorraine ; elle ne fut plus, dès lors, que l'instrument et le jouet de la Ligue.

Pendant sa rupture avec Henri de Béarn, Catherine vint le trouver deux fois, pour tâcher de le regagner. La première fois, ce fut à Nérac, elle lui amenait sa femme Marguerite de Valois ; l'entrevue ne fut agréable ni à l'un ni à l'autre des époux, le libelle satyrique du temps, « la ruelle mal assortie » fut complètement justifié. Marguerite, pourtant, rendit un service à Henri, en cette Conférence de Nérac : Catherine, par ses filles d'honneur, tendit des pièges aux officiers du roi de Navarre, pour les détourner de son service. Marguerite se servit des mêmes artifices pour gagner, par les filles de sa cour, les gentilshommes de sa mère. Ce fut un combat de galanterie des deux côtés, le sieur de Pibrac, l'orateur de la Conférence, succomba des premiers.

La reine-mère accorda aux Huguenots plus qu'elle n'avait résolu ; peu après on se lança dans une nouvelle guerre civile, qu'on appela « la guerre des amoureux. »

La seconde fois, près de Cognac, le roi de Navarre se garantit de ses artifices. On ne put rien conclure et on se quitta à jamais brouillés.

La morale et le vrai patriotisme condamnent cette femme funeste, qui ne peut être réhabilitée. On doit reconnaître qu'elle n'eut d'ardeur que pour penser et gouverner; elle marcha en se dépouillant de plus en plus de ses scrupules. Pourtant, dans sa politique d'État, elle poursuivit deux idées : l'abaissement des grands et la résistance à la Maison d'Autriche; elle manqua ce but en le subordonnant à ses passions et en le poursuivant par la ruse et la trahison; c'était une portion de l'héritage de Louis XI, que recueillit et fit fructifier Richelieu, par la force et l'audace.

Pendant les États de Blois, Henri III se trouvant presqu'abandonné, craignant d'être cerné et pris, quitte cette ville et gagne Tours. N'ayant pu apaiser Mayenne, il appelle à son secours le roi de Navarre et demande passage sur la Loire; on lui donna Saumur, dont on nomma gouverneur Duplessis-Mornay. Le roi de Navarre s'avance jusqu'à Tours, les deux rois, réconciliés, se jurent alliance. Les deux princes marchent sur Orléans, traversent la Beauce et entourent Paris. Henri III s'établit à Saint-Cloud, où il ne tarda pas à tomber sous le couteau de Jacques Clément ; Henri de Navarre tenait Meudon, s'apprêtant à conquérir Paris et la couronne de France.

De l'étude que nous venons de faire, nous retenons deux réflexions :

La société brillante et à la fois si spirituelle et si corrompue du XVI° siècle, marchait au milieu des fêtes et du prestige des arts, vers les jours de deuil et de sang que lui préparaient les guerres de religion.

N'avons-nous pas vu, à la veille de la tourmente révolutionnaire, notre noblesse si pimpante et si légère, ces fils du XVIII° siècle, dans la sécurité des fêtes galantes, s'endormir pour se réveiller sous le couperet de la place Louis XV?

Enfin, rappelons-nous la dernière cour impériale, si futile, si mondaine, s'enivrant de luxe et de jouissances brusquement interrompues par ces coups de foudre: Sedan et l'invasion !

N'est-ce pas là, toujours, le vieil axiome du poëte latin : Que ceux qu'ils veulent perdre, sont, par les décrets d'en haut, aveuglés et frappés de démence.

Les ravages et les désastres amenés par le fanatisme ; cette folie sombre et cruelle qui se gagne surtout dans les foules soulevées, cette maladie de l'esprit, qui est aux croyances ce que le délire est à la fièvre ; maladie, dont les âmes les plus fortes ne sont pas exemptes (Voltaire).

Depuis les guerres de religion, cette peste des âmes a, deux fois, couvert le sol de la Patrie de ses meurtres, de ses incendies et de ses ruines.

Pouvons-nous espérer qu'elle ne réapparaîtra plus chez nous? Nul ne le sait et bien hardi qui oserait se prononcer. Faisons des vœux et demandons que pour longtemps, sinon pour toujours: Dieu garde et protège notre France !

Saint-Calais. — Imprimerie A. CUIGNIER.

www.ingramcontent.com/pod-product-compliance
Lightning Source LLC
Chambersburg PA
CBHW061325060726

47596CB00003B/1089